O SEGREDO DA RIQUEZA E A PROSPERIDADE.

Autor: Francisco Medeiros

SUMÁRIO

1. Introdução
2. O planejamento é a base de tudo
3. O poder das vendas
4. Outros talentos
5. A excelência da sabedoria.
6. O que a parábola do filho prodigo ensina sobre o seu dinheiro?
7. José um grande administrador do Egito.
8. Os lastros.
9. Referências.

O segredo da Riqueza e a prosperidade.

Introdução

O objetivo que escrevo esse livro é para ajudar milhares de pessoas a terem uma noção sobre suas finanças, porque no decorrer da trajetória humana, em meio a tantas ofertas de mercados que existem, as seduções, fazem com que as pessoas se percam. O consumismo é algo que deixa muita gente perdida na hora de fazer o orçamento, a conta não fecha no mês e a lista de inadimplência é muito alta devido à falta de planejamento de muitas pessoas que não pensam na hora de gastar.

Devido a isso eu decidi escrever algo que ajudará você a ter uma noção de administrar a suas finanças pessoais através de estudos e métodos que existe, mas os bancos, os lojistas não vão lhe ensinar porque o objetivo deles é ganhar o dinheiro que você gasta.

A cultura financeira é muito importante para facilitar o entendimento de fazer o orçamento do tempo que você gasta, poupa ou investe o seu dinheiro, no entanto é algo que não é ensinado nas escolas e no Brasil a deficiência da educação financeira é muito abrangente, devido a isso são muitas as pessoas que sem ensinamento de finança ficam endividados, isso ocorre principalmente, quando os cidadãos começam a ganhar dinheiro.

Imagine duas pessoas que ao terminarem o ensino médio, foram trabalhar em uma empresa, ambas ganham o mesmo salário, mas uma delas com a visão de investir seu dinheiro a outra é consumista e gasta mais do que ganha, no decorrer de cinco anos, a pessoa que que pensou em investimento, planejou em pagar uma faculdade e se formou, depois foi promovida na empresa em que trabalhava com um salário mais alto, enquanto a outra pessoa comprou um carro com 72 prestações.

O resultado de tudo isso é que as duas pessoas tiveram a mesma sorte de encontrar um emprego com os salários iguais, mas o pensamento na hora do planejamento financeiro fez elas seguirem destinos diferentes, enquanto uma delas decidiu estudar e depois foi promovida a outra decidiu comprar um carro e ficar endividada por muito tempo.

Você aprenderá nesse livro qual a diferença de poupar, investir e gastar o seu dinheiro, com isso ficará preparada e atenta as ofertas que nem sempre são boas, as vezes é uma tentação para que você fique com muitas dívidas.

Imagine você que trabalhou durante o ano todo e no final do ano, recebe seu Decimo terceiro salário, mas ao ver um anuncio em uma loja que está em promoção e aquele objeto que você desejou durante muito tempo, mas ao mesmo tempo pensa nas dívidas que tem a pagar, o que virá na sua mente?

A grande maioria das pessoas fazem dívidas por impulsos emocionais, não suportam ver o nome promoção, Black Friday ou desconto, imediatamente farão questão em fazer mais uma dívida e assim a conta não fecha no final do mês. São milhares de pessoas que ficam no vermelho, por conta de impulsos emocionais ligado as estratégias de marketing.

Existe uma solução para tudo na vida, você tem condições de controlar os seus impulsos, mas para isso é preciso estudarmos uma pouco de finanças e educação financeira. Você poderá mudar de uma pessoa endividada para uma pessoa que tem dinheiro de sobra, e assim investir em algo que tem sustentabilidade, poderá fazer o dinheiro trabalhar para você e até ter uma vida financeira estabilizada.

Estudaremos os principais versículos da bíblia, onde receberemos orientações sobre como devemos trabalhar com o nosso dinheiro, para que não possamos sofrer por falta dele.

A bíblia fala de maneira sábia no livro de proverbio que a pobreza do preguiçoso virá como um ladrão e a necessidade como um homem armado. Isso significa também que uma pessoa que tem preguiça de fazer um planejamento financeiro poderá ficar endividado, sem dinheiro sobrando, inadimplente e até com o nome sujo sem poder ter créditos.

Vai ter com a formiga, ó preguiçoso; olha para os seus caminhos e sê sábio. A qual, não tendo superior, *nem* oficial, nem dominador, prepara no verão o seu pão; na sega ajunta o seu mantimento. Ó preguiçoso, até quando ficarás deitado? Quando te levantarás do teu sono? Um pouco de sono, um pouco tosquenejando, um pouco encruzando as mãos, para estar deitado, assim *te* sobrevirá a tua pobreza como um ladrão, e a tua necessidade, como um homem armado. Provérbios (6:6-11)

Esse versículo: "olha para os seus caminhos e sê sábio." Se formos refletimos essa frase em relação aos planejamentos financeiros, será que estamos sendo prudentes na hora de comprar? na hora de fazemos um planejamento financeiro será que obedecemos a todas as regras?

Se você não é sábio na hora de comprar e na hora dos planejamentos, você estará dormindo em um sono profundo do consumismo, tosquenejando nas dividas e para que você desperte em sabedoria é preciso fazer muitas reflexões.

Em primeiro lugar, será preciso pensar no futuro e saber que até agora você não conquistou nada de valor, ou se conquistou algo, não foi o que você sonhou. O que você quer conquistar ao longo do tempo? Para isso é preciso estabelecer certas metas, uma meta que será definida a curto, médio e longo prazo.

Capítulo 1

O planejamento é a base de tudo.

Qualquer projeto que for colocado em prática, antes tem que haver um planejamento, mas isso não é apenas para projetos, nossa vida precisa de planejamento, sem planejamento não há organização, para que possamos ter uma vida organizada e bem estruturada é preciso fazer uma elaboração bem desenvolvida. O planejamento financeiro é pouco usado na vida das pessoas, é por isso que existem muitos desequilíbrios financeiros, por conta desse requisito.

Imagina que você recebe o salário de R$ 2.500,00 e mora de aluguel, sendo que o valor é R$ 700,00, sobram 1800,00 para gastar com alimentação, contas de água, energia, gás, telefone e internet. Mas sem nenhuma orientação e planejamento você não terá noção de como fazer o seu orçamento, sabendo que você tem um cartão de crédito de R$ 7.500,00, na sua mente, você vai pensar que pode comprar tudo que deseja, e fez uma dívida de 10x R$ 250,00 mais 24X R$ 150 e 7X R$170,00. O total de todas as dívidas no mês será R$ 1270. Ao saber que sobraram R$1.230, uma parte desse dinheiro irá para alimentação, sabendo que você não mora só, você tem 2 filhos, as contas com alimentação foram R$ 700,00, então sobraram R$ 530,00 para pagar o restante das dívidas. No final de tudo você ficou sem nenhum centavo e o que virá na cabeça na hora de comprar alguma coisa? será o cartão de crédito.

"Os planos dos diligentes tendem à abundância, mas a pressa excessiva, à pobreza." (Provérbios 21:5)

Quando mais uma pessoa é apressada para realizar algo ou comprar, a tendencia dela será ficar mais pobre. Porque isso ocorre?

Quando você pensa com sabedoria e planeja com cuidado, jamais será impulsivo na hora de comprar, sempre vai pensar no futuro, sempre vai guardar uma porcentagem do seu dinheiro para na hora que precisar e não ficar endividado ou devendo para os bancos ou alguém, porque os juros do dinheiro de alguém que comprou a prazo poderá vim como bola de neve e deixar você sem uma solução.

Os diligentes são as pessoas sábias que pensam com prudência, sabem que os salários são limitados e que não poderão sair gastando além do seu salário, mas ao invés disso elas juntam, investem e a tendência é prosperar. Por isso uma parcela da população que não gastam com coisas supérfluas são bem sucedidas, porque tudo que elas compram são coisas de valor mobilizados ou imobilizados, por isso que elas são ricas. Enquanto grande parte da população gasta com coisas que acabam perdendo o valor monetário.

Podemos ver também segundo o versículo que os diligentes fazem plano, como por exemplo, os planejamentos financeiros que são elaborados por pessoas bem sucedidas, enquanto os apressados gastam excessivamente. Essa palavra está além dos limites, ou seja, uma pessoa que gasta mais do que ganha e não pensa nas consequências que a excessividade poderá lhe causar.

Quais são os bens mobilizados e imobilizados que os prudentes compram? Eles investem em casas, terrenos que se valorizam e fundos de investimentos, ações da bolça de valores, empresas e comércios. Isso é prioridade para eles, depois que esses investimentos estão dando resultados, eles poderão comprar algo mais supérfluo. As pessoas apressadas ao contrário, eles compram muitas roupas, muitos calçados, perfumes mais do que o necessário, coisam que perdem o valor ao sair da porta das lojas.

João nasceu pobre, mas ficou rico.

João nasceu na roça, sempre se dedicou ao trabalho desde muito jovem, um dia encontrou um emprego ganhava apenas um salário e dedicou se muito. João não gastava muito, apenas o necessário, seus amigos eram excessivos em tudo, saiam para os bares e na noite gastavam todo o dinheiro do forçado trabalho deles, mas João preferia ficar em casa lendo e estudando, fez cursos profissionalizantes e ganhou conhecimentos necessário para seguir na sua carreira profissional. Suas roupas e seus calçados eram os mesmo, seus amigos os criticavam muito por causa disso, mas em um certo dia, na empresa houve um recrutamento interno e João foi promovido ao novo emprego com um salário melhor, mas ao invés de gastar e ficar se exibindo, ele continuou a juntar o seu dinheiro, ninguém sabia, mas todo mês ele depositava no tesouro direto uma porcentagem do seu salário, o restante ele investia em conhecimento com cursos profissionalizantes, além de sobrar dinheiro para os seus gastos do dia a dia.

Depois de 10 ano trabalhando na empresa, houve uma crise e foram demitidos todos os funcionários, inclusive João, mas como ele foi tão sábio, o dinheiro que ele juntou no decorrer do tempo já era o suficiente para ele comprar uma franquia e montar uma loja e assim foi. Ele fez um plano estratégico, estudou todas as possibilidades, fez várias analise de mercado com conhecimento que ele tinha adquirido e tomou todas as atitudes que deveria tomar. Foi um sucesso! Sua empresa ganhou destaque que depois de alguns anos abriu uma filial em outro bairro. Um certo dia chegou na porta da sua empresa um antigo colega de trabalho, todo bem vestido, com roupas de marca, sapatos novos e relógio caro. Ao entrar ficou surpreendido ao ver João no seu escritório, então ele perguntou se ele era o gerente da empresa e João respondeu: "Eu sou o dono." Então ele lembrou que João não gastava com bebidas, nem saía a noite para se divertir, só estudada e ficava lendo, então decidiu que o melhor que tinha era estudar, mas tinha que abrir mão de muitas coisas e falou: "eu pretendo fazer uma faculdade e me formar em educação física." E João o decidiu dar um emprego de vendedor.

João não era formado, só tinha alguns cursos profissionalizantes que o fez ser promovido na empresa que trabalhou, mas devido a sua sabedoria, conseguiu construir um patrimônio que lhe rendiam o suficiente para sustentar a sua atual família e a família de outros funcionários.

Depois de algum tempo João decidiu estudar, fez uma faculdade e dessa vez seu patrimônio, após ele terminar a faculdade, evoluiu tanto, que uma empresa concorrente tentou compra-la por um alto valor.

Essa história acontece muito na sociedade em que vivemos, são muitas pessoas que com pouco conhecimento, mas esforçadas, que trabalham muito conseguem serem bem planejadas, e com a consequência disso elas ficarão bem sucedidas, enquanto outras pessoas que nascem em uma família com condições financeiras favoráveis, por não terem sabedoria, acabam empobrecendo, cheia de dívidas e culpando a sorte.

Não significa dizer que os Joãos da vida que pensam com planejamento ficarão milionários, mas ficarão bem estruturados e com condições financeiras melhores das que tinham antes.

Como você está administrando suas finanças?

Nas sociedades existem milhares de pessoas bem-sucedidas e milhões de pessoas malsucedidas, nem sempre a culpa é da sorte, vai depender de muitos requisitos, os principais itens são maus planejamento das finanças ou pessoas que não sabem administrar o seu dinheiro, não sabem fazer orçamento, mas para isso esse livro está sendo escrito, para orientar e conscientizar muitas dessas pessoas que enfrentam esse desafio todos os dias. Em primeiro lugar temos como base a bíblia, o livro que já inspirou milhares de pessoas pelo mundo há décadas, sabemos que lá tem muitos ensinamentos, que podemos aproveitar e aplicar as suas lições no nosso dia a dia. A bíblia ensina as pessoas viverem de forma harmoniosa, com paz, prosperidade e conforto. Para isso é preciso minerar as palavras preciosas que existe em milhares de ensinamentos bons, mas cada ensinamento tem o seu principal objetivo. Como o objetivo desse livro é ensinar sobre finanças, vamos seguir os próximos roteiros.

As parábolas são exemplos que existem na bíblia no sentido figurado, que são citados para abrir o raciocínio dos ouvintes, logo em seguida uma das parábolas mais citadas da bíblia por muitos sacerdotes e ministros da palavra que ajudarão os leitores a entender que você possui aquilo que pode administrar, se você tem condições de administrar muito, será lhe concedido o muito, se você tem condições de administrar o pouco será lhe concedido o pouco, se você não tem condições de não administrar nada, não lhe será concedido nada, mas isso não significa dizer, que se você não tem condições de administrar nada, poderá ficar sem nada. O principal objetivo da parábola a seguir é uma advertência para despertar a sua capacidade, todos nós temos capacidade, mas as vezes por causa da preguiça, preferimos esperar as coisas acontecer de forma automática e nada acontece de forma automática, tudo precisa de uma ação. Anteriormente foi citado um proverbio que diz:

> Vai ter com a formiga, ó preguiçoso; olha para os seus caminhos e sê sábio. A qual, não tendo superior, *nem* oficial, nem dominador, prepara no verão o seu pão; na sega ajunta o seu mantimento. Ó preguiçoso, até quando ficarás deitado? Quando te levantarás do teu sono? Um pouco de sono, um pouco tosquenejando, um pouco encruzando as mãos, para estar deitado, assim *te* sobrevirá a tua pobreza como um ladrão, e a tua necessidade, como um homem armado. (Provérbios 6:6-11)

A parábola a seguir vai confirmar que as vezes por falta de atitude muitas pessoas deixam de fazer o que é preciso para esperar a sorte lhe trazerem uma fortuna, ou algo que elas esperam acontecer por acaso, mas para algo acontecer é preciso esforço, dedicação, estudo, trabalho e muita paciência, porque mesmo diante de muito estudo e dedicação é preciso esperar as oportunidades, no caso de pessoas que se dedicaram a uma vida acadêmica e ainda não encontrarão o tão sonhado emprego. Às vezes é preciso desenvolver algum projeto para que você possa se destacar, usar as ferramentas que foram lhe dada na academia que lhe preparou.

A parábola dos dez talentos.

Nessa parábola Jesus estava ensinando acerca do reino dos céus, então de maneira figurada ele citou essa parábola, mas no sentido real ela poderá ser exemplos para os acontecimentos que estão acontecendo nos nossos dias, principalmente em relação a vida financeira de muitas pessoas.

> A um deu cinco talentos, a outro, dois e a outro, um, a cada um segundo a sua própria capacidade; e, então, partiu.
> O que recebera cinco talentos saiu imediatamente a negociar com eles e ganhou outros cinco.
> Do mesmo modo, o que recebera dois ganhou outros dois.
> Mas o que recebera um, saindo, abriu uma cova e escondeu o dinheiro do seu senhor.
> Depois de muito tempo, voltou o senhor daqueles servos e ajustou contas com eles.
> Então, aproximando-se o que recebera cinco talentos, entregou outros cinco, dizendo: Senhor, confiaste-me cinco talentos; eis aqui outros cinco talentos que ganhei.
> Disse-lhe o senhor: Muito bem, servo bom e fiel; foste fiel no pouco, sobre o muito te colocarei; entra no gozo do teu senhor.
> E, aproximando-se também o que recebera dois talentos, disse: Senhor, dois talentos me confiaste; aqui tens outros dois que ganhei.
> Disse-lhe o senhor: Muito bem, servo bom e fiel; foste fiel no pouco, sobre o muito te colocarei; entra no gozo do teu senhor.

> Chegando, por fim, o que recebera um talento, disse: Senhor, sabendo que és homem severo, que ceifas onde não semeaste e ajuntas onde não espalhaste,
> receoso, escondi na terra o teu talento; aqui tens o que é teu.
> Respondeu-lhe, porém, o senhor: Servo mau e negligente, sabias que ceifo onde não semeei e ajunto onde não espalhei?
> Cumpria, portanto, que entregasses o meu dinheiro aos banqueiros, e eu, ao voltar, receberia com juros o que é meu.
> Tirai-lhe, pois, o talento e dai-o ao que tem dez.
> Porque a todo o que tem se lhe dará, e terá em abundância; mas ao que não tem, até o que tem lhe será tirado.
>
> (Mateus 25: 15-29)

Atitude.

O que faltou no servo que adquiriu um talento? A falta de atitude, ele poderia ter agido de alguma forma dinâmica, mas preferiu guardar, mais uma vez por causa da preguiça não houve a multiplicação. Às vezes as pessoas esperam um milagre acontecer em suas vidas, mas se não houver uma ação por parte delas, as coisas ficam mais difícil de acontecer.

Os outros foram capazes de mostrarem que as suas capacidades eram úteis e assim puderam usufruir do fruto do seu trabalho.

A lição que podemos tirar desses versículos em relação a vida financeira e ao dinheiro é: "se você ganhar mais poderá gastar mais." Se você é uma pessoa que gosta de gastar dinheiro é preciso ganhar mais. Porque se você gastar mais e ganhar menos é lógico que estará em prejuízo. Procura fazer mais que uma atividade, quanto mais fonte de renda, mais dinheiro você vai ganhar, isso é executar os talentos.

O exemplo da parábola acima que fala: "Muito bem, servo bom e fiel; foste fiel no pouco, sobre o muito te colocarei; entra no gozo do teu senhor." Isso pode significar que quanto mais riqueza você gerar mais acesso as coisas produzidas podemos ter, por exemplo: Uma pessoa que trabalha dedicado em uma empresa e ganha dois salários, um dia por causa da sua dedicação e seus talentos, foi promovido e passou a ganhar 6 salários, o seu maior sonho era ter um carro, mas o dinheiro que ganhava antes da promoção não dava para comprar, mesmo economizando muito, mas agora que foi promovido ele poderá em pouco tempo adquirir o seu tão sonhado carro.

Tudo depende das atitudes que uma pessoa toma na sua vida. Você pode fazer a quantidades de dívidas que quiser, só depende de você, mas as consequências de seus atos será a inadimplência ou a falta de dinheiro no seu bolso. Por outro lado, você ao invés de gastar as suas energias com o consumismo, gaste as suas energias com uma fonte que irá lhe render dinheiro, sua carteira nunca irá ficar vazia.

Muitas pessoas por acharem que não há talentos dentro de si, se assemelha ao servo da parábola que adquiriu um talento, não toma iniciativa, mas todas as pessoas tem algum talento ou alguma habilidade que poderá colocar em prática e ganhar dinheiro, só depende da atitude, até mesmo vender alguma coisa.

Capitulo 2

O poder das vendas.

Um dos maiores talentos que existe é saber vender, e é uma atribuição simples, quaisquer pessoas pode se tornar um vendedor, até uma criança. São muitos os empresários que se tornaram ricos e ganharam muito dinheiro, com a habilidade de vender.

Para se tornar um vendedor a primeira coisa que tem a fazer é ter atitude, segundo é ter a criatividade, terceira é ter uma boa percepção, quarto saber persuadir. Essas habilidades podem ser adquiridas com a experiência no decorrer de algum tempo ou vai depender das circunstâncias de cada pessoa, a região que a pessoa mora, da cultura que a pessoa está inserida, ou até mesmo de um curso.

Os grandes vendedores não nasceram vendedores, eles adquiriram experiências com o tempo e com isso se tornaram habilidosos, mesmo sendo uma atribuição simples, mas como tudo na vida, a experiência é a base do sucesso, por mais simples que seja o trabalho.

Qual é atitude de um vendedor?

A comunicação é a base que o vendedor precisa saber transmitir para os clientes que estão à procura. Por exemplo alguém está procurando um celular, mas ainda tem dúvida qual aparelho comprar, o vendedor poderá informar sobre as funções que o aparelho exerce, os benefícios que o aparelho tem, a qualidade. Isso fará o cliente despertar gatilhos de interesses mais impulsivos que os desejos que tinham antes.

Saber comunicar os detalhes dos produtos, isso faz toda a diferença.

Qual a criatividade de um vendedor?
Postura

A postura ereta chama mais atenção que uma postura declinada, porque uma postura ereta transmite mais confiança, os clientes querem adquirirem confiança dos seus recepcionistas, uma boa comunicação começa pela boa postura. Uma postura declinada transmite cansaço, fadiga e insatisfação, isso não é bom para quem procura sucesso com as vendas. Para ter uma boa postura é preciso treinar na frente do espelho ou imaginar carregando uma capa atrás das costas como um super herói, ou um rei, pois isso transmite poder.

Linguagem corporal

A linguagem corporal já foi muito estudada, e ela revela muitas informações sobre as pessoas, é através dela que podemos saber o interesse das pessoas, a motivação, a personalidade das pessoas e muitos outros requisitos estudados. A linguagem corporal nas vendas é importante tanto para os vendedores adquirirem um bom desempenho em suas posturas, como para os vendedores observarem os seus clientes, por isso é importante ficarem sempre atentos a tudo.

imagem pessoal

A boa imagem é o cartão de visita de um vendedor. A maneira que um vendedor se veste pode influenciar nas vendas, depende do nicho que ele trabalha, por exemplo: Se ele trabalha ou tem uma loja de roupas e tênis esportivos, o ideal é que ele esteja vestido com roupas esportivas, se ele trabalha vendendo roupas e sapatos sociais, o ideal que ele esteja calçado de sapato social e roupas sociais, porque pode acontecer alguma transmissão de incoerência e o ideal é disseminar a coerência para as pessoas não ficarem confusas. Um bom corte de cabelo também propaga simpatia e zelo, isso significa que um vendedor que está sempre com o cabelo bem cortado é uma pessoa que se cuida, enquanto as vendedoras podem estarem com os cabelos sempre bem escovados e bem cuidados. O cabelo é uma das partes mais belas das pessoas e pode chamar muito atenção. Com o corte de cabelo sempre no estilo, o corte de cabelo, a barba nos homens embora muitos gostem, mas é preciso estarem bem feitas, enquanto as mulheres a maquiagem leve sem muito exagero e um batom suave o deixa mais atraente. Antes de vender qualquer coisa, a nossa boa imagem é dada de brinde para os clientes que são atraídos, se não houver uma boa imagem os clientes poderão procurar a concorrência.

Qual a percepção que o vendedor deve ter?

Geralmente quando um cliente entra em uma loja ou vai comprar algo, a primeira atitude deles é ficarem olhando os objetos, os vendedores precisarão ficarem muito atentos com cada olhar, as vezes os clientes preferem olhar os itens antes de irem consultar os vendedores, só então vão abordar os vendedores e farão as perguntas, o que os clientes procuram é satisfação, ninguém quer comprar um produto e ficar frustrados, por isso, quanto mais informações os vendedores saberem melhor será para a loja. Dessa forma saber ouvir cada palavra que sai da boca dos compradores é essencial para saber o que eles procuram, se é preço, desempenho, qualidade ou algo mais básico. O vendedor nunca deve cometer o erro de querer vender algo que os clientes não estejam desejando, porque isso poderá causar frustação e ao invés dos clientes ficarem fidelizados, se afastarão. O maior benefício que os vendedores terão de seus clientes é a fidelização de poderem comprarem outras vezes e não somente uma vez.

Como saber persuadir os seus clientes?

Em países de grande extensão territorial e uma população imensa, como no Brasil, Estados Unidos, china, em cidade como São Paulo, Nova York e Xangai é comum ouvir muitos dialetos, gírias e até outros idiomas, com isso, é preciso está preparado para saber ouvi e ter uma boa comunicação, com uma linguagem simples e de forma coerente. A forma de falar correto é muito importante para os vendedores, saber gesticular e ter uma boa dicção de forma bem explicada, diferencia muito na hora das vendas. É através da fala que os fregueses serão informados sobre os atributos e os benefícios que terão, por exemplo: Uma pessoa quer comprar um tênis, na loja há promoções que beneficiará os clientes, na compra de um tênis ele ganhará as meias, em caso de outras promoções o vendedor deve informar. Por exemplo promoções de calças também há benefícios, na compra de uma calça, ele ganhara uma cueca, isso criará satisfação e o clientes poderá voltar outras vezes por causa desses benefícios, isso se chama reciprocidade.

A reciprocidade tem sido tema de estudos que garantem, que isso gera benefícios no meio social, porque é dando que se recebe.

Reciprocidade na bíblia.

Lança o teu pão sobre as águas, porque depois de muitos dias o acharás.

Reparte com sete, e ainda até com oito, porque não sabes que mal haverá sobre a terra. (Eclesiastes 11:1,2)

Qualquer pessoa que queira prosperar é preciso entender que ao compartilhar com outras pessoas algo beneficente como um bom conselho, uma palavra inspiradora, uma instrução ou até mesmo o pão, isso volta com força, porque o universo retribui toda ação que você executa. Essa é a lei da causa e efeito.

    Quando uma pessoa planta uma semente, um galho ou uma raiz na terra ela vai esperar que o fenômeno da multiplicação aconteça, isso é puro milagre.

    Sempre admirei as mangueiras, na época de manga na minha cidade, ninguém dava contar de comer tanta manga, pois elas ficavam no chão e toda essa fartura em apenas um pé de manga que foi plantada por apenas uma semente. Assim a natureza da multiplicação acontece em toda atitude das nossas vidas. É por isso que os versículos acima que afirma para jogar o pão sobre as águas de maneira simbólica e metafórica, isso significa dizer que cada vez que você ajuda alguém a se erguer na vida, você colherá o fruto da prosperidade, porque isso é fenomenal.

    Por mais que uma pessoa seja rica ou milionária, mas elas sempre precisarão de outras pessoas de classes inferiores. Muitos empresários já entenderam isso, é por isso que muitos deles tentam aplicar a reciprocidade em suas empresas, alguns sendo cortês com os seus clientes, dando lhe ofertas e descontos, facilidades para comprar, brindes, sorteios e até lanches. Os clientes ficam satisfeitos de tal modo que farão a divulgação dessas empresas boca a boca. Não existe publicidade maior que a divulgação boca a boca, isso faz qualquer negócio crescer e prosperar de uma noite para o dia.

    Grandes empresários praticam a reciprocidade ao darem emprego aos seus funcionários, não existe nenhum meio de pagar por isso, ao ser beneficiado por um emprego que vai garantir o sustento de uma família, a única maneira de ser grato é ser um bom funcionário. É por isso que funcionários agradecidos por seus empregos trabalham de forma eficientes nas suas atividades e quando a empresa reconhece o poder dessa reciprocidade, seus patões lhe dão alguns benefícios além do salário, essa gratidão pode ser estendida e passar ser o maior orgulho dos funcionários que trabalham nessa empresa.

    A parábola a seguir ensina mais uma vez os benefícios que a reciprocidade faz ao serem utilizadas, no entanto não podemos ver essa parábola no sentido real, mas no sentido metafórico, porque ela passa uma lição que pode ser vista de diferentes ângulos, é a parábola do administrador infiel.

A parábola do administrador infiel.

> Jesus disse aos seus discípulos: "O administrador de um homem rico foi acusado de estar desperdiçando os seus bens. Então ele o chamou e lhe perguntou: 'Que é isso que estou ouvindo a seu respeito? Preste contas da sua administração, porque você não pode continuar sendo o administrador'. "O administrador disse a si mesmo: 'Meu senhor, está me despedindo. Que farei? Para cavar não tenho força e tenho vergonha de mendigar... Já sei o que vou fazer para que, quando perder o meu emprego aqui, as pessoas me recebam em suas casas'. "Então chamou cada um dos devedores do seu senhor. Perguntou ao primeiro: 'Quanto você deve ao meu senhor?' 'Cem potes de azeite', respondeu ele.
> "O administrador lhe disse: 'Tome a sua conta, sente-se depressa e escreva cinquenta'. "A seguir ele perguntou ao segundo: 'E você, quanto deve?' 'Cem tonéis de trigo', respondeu ele.
> "Ele lhe disse: 'Tome a sua conta e escreva oitenta'. "O senhor elogiou o administrador desonesto, porque agiu astutamente. Pois os filhos deste mundo são mais astutos no trato uns com os outros do que os filhos da luz. (Lucas 16:1-8)

O administrador ao ser acusado e receber a notícia de sua demissão ficou aflito, conforme está escrito na parábola, não sabia fazer trabalhos braçais, que exerce força e tinha vergonha de mendigar, a única habilidade que ele tinha, era a intelectual e pensou de uma forma que lhe beneficiou muito, pois sabia que ao beneficiar os clientes de seu patrão, eles ficariam gratos de tal forma que lhe recebiam em suas casas e provavelmente lhe ajudaria a encontrar outro emprego.

Isso significa que ser recíproco não é uma técnica de persuasão dos dias atuais, os antigos já praticavam para obterem algum benefício para si.

Enfim, além dessa habilidade de vendas mencionada nesse capitulo e as práticas que os vendedores usam para terem sucesso, existe outras formas de gerar fonte de rendas como está escrito a seguir.

"Ao que retém o trigo o povo o amaldiçoa, mas bênção haverá sobre a cabeça do vendedor." (Provérbios 11:26)

Capítulo 3

Outros talentos

"A todos esses, deu capacidade para realizar todo tipo de obra como artesãos, projetistas, bordadores de linho fino e de fios de tecido azul, roxo e vermelho, e como tecelões. Eram capazes para projetar e executar qualquer trabalho artesanal."

(Êxodo 35:35)

A arte pode ser executada como uma segunda fonte de renda ou até substituir o seu atual trabalho conforme o seu sucesso, apesar desse versículo falar de artesões e tecelões, naquela época, mas hoje como o advento da tecnologia, muitas coisas mudaram, a produção aumentou como nunca houve antes. Uma máquina trabalha e substitui o trabalho manual de dezenas de homens, mas ao usar a sua criatividade, você pode fazer uma máquina trabalhar para você e ganhar muito dinheiro, por exemplo, uma máquina de fazer sorvete pode ser a solução em obter uma segunda fonte de renda de alguém que procura estabilidade financeira, mas se você tiver mais dinheiro, poderá fazer um plano de negócio e montar a sua sorveteria.

Muitos empresários começaram as suas atividades com pequenos empreendimentos e evoluíram de tal modo que são referências hoje. A seguir a histórias de alguns deles.

Ralph Lauren

Hoje bilionário, Lauren uma infância difícil. Filho de um pintor de paredes, nasceu em 1939 e se criou no bairro barra-pesada do Bronx, em Nova York. No colégio, para ganhar algum dinheiro, vendia gravatas para seus colegas. Chegou a sofrer bullying, em função de seu sobrenome, Lifshit (que soa como um palavrão, em inglês), o que o levou a mudar de nome posteriormente. Serviu ao exército de 1962 a 1964. Após o serviço militar, ele trabalhou como balconista e, depois, novamente como vendedor de gravatas. Foi quando percebeu a vaidade enrustida dos homens de negócios, e de como havia uma clientela desejosa de novidades. Em 1967, lançou sua própria linha de gravatas, que se tornou um sucesso. No ano seguinte, criou sua primeira linha completa de moda masculina, mas a famosa camisa polo só seria criada em 1972. Hoje, sua fortuna é avaliada em 4,6 bilhões de dólares pela Forbes. (De Freitas, 2022)

Samuel Klein

Nascido na Polônia, em 1923, o judeu Samuel Klein sofreu com sua família em campos de concentração nazistas até o fim da guerra. Tendo sobrevivido, morou na Alemanha, de 1946 até 1951. Em 1952 foi para o Brasil e estabeleceu-se em São Caetano do Sul, na Grande São Paulo com a família. Foi quando começou a trabalhar como comerciante. Tornou-se mascate, vendendo roupas de cama, mesa e banho de porta em porta, usando uma charrete. Em cinco anos de dedicado trabalho, conseguiu capital para comprar uma pequena loja, que chamou de Casa Bahia, em homenagem a seus fregueses, em sua maioria retirantes baianos vindo tentar a sorte na região. Hoje são mais de 560 lojas e o maior depósito de distribuição da América Latina. As Casas Bahia tornaram-se uma das maiores redes de varejo do País. (De Freitas, 2022)

Soichiro Honda
Soichiro Honda iniciou sua trajetória profissional aos 16 anos, como aprendiz, numa oficina em Tóquio, Japão. Poucos anos mais tarde, voltou para Hamamatsu, sua cidade natal, e abriu a sua própria oficina. Aos 30 ele pensou em parar de consertar peças para fabricá-las. Investiu tudo o que tinha nesse projeto e começou a fabricar anéis para pistões. Queria vender seu trabalho à Toyota Corporation e trabalhou dia e noite para isso. Chegou a empenhar as joias da esposa para permanecer no negócio. Quando finalmente terminou os anéis de pistão e os apresentou à Toyota, disseram-lhe que não atendiam aos padrões de qualidade da firma. Voltou, então, à escola por mais dois anos, até conseguir desenvolver anéis de qualidade, sendo vítima da chacota de seus colegas e de alguns professores durante esse tempo. Quando concluiu seu curso e voltou à Toyota, seu projeto foi aceito. Entretanto, seis meses depois, com o advento da segunda guerra mundial, sua fábrica foi bombardeada por duas vezes. Ele reconstruiu sua fábrica em ambas as vezes, porém um terremoto novamente a arrasou. Vindo o fim da guerra, Honda passou a trabalhar com motores recondicionados do excedente do exército. Com o Japão caótico após da guerra, um dos piores problemas era o transporte; os trens andavam lotados e havia um forte racionamento de combustível. Honda, então, improvisou um motor em uma bicicleta e criou a motocicleta. Passou a trabalhar nisso e seu primeiro lote de motocicletas, com 500 unidades, foi vendido rapidamente. Em setembro de 1948, então, foi criada a Honda Motor Company. Hoje ela é uma das maiores fabricantes de motos do mundo." (De Freitas, 2022)

Essas histórias inspiradoras é um exemplo que os seres humanos têm talentos guardados dentro de si, que quando executados, treinados e ampliados, a pessoa que descobriu o seu talento, pode chegar em um nível superior. Essas personagens das citações acimas não tiveram vergonha, superaram o constrangimento, as críticas, opiniões de terceiros e além disso, construíram algo solido que beneficiou muitas pessoas, porque suas empresas além de venderem os seus produtos que satisfazem os clientes, além disso, emprega muitos pais e mães de família, que precisam de um trabalho. A ideia de ser um empreendedor é de uma magnitude tão grande, que os únicos beneficiados não são apenas os empresários, mas as sociedades são beneficiadas.

Uma cidade desenvolvida é aquela que tem muitos empreendedores, quanto mais empreendedores tem uma cidade mais desenvolvida ela é, o nível de pobreza e miséria cai bastante, isso mostra a importância que os empreendedores têm em serem inspirados de um modo que eles possam desenvolver o que Deus deu para cada um deles, os talentos, as habilidades de criar, de inovação, de serem projetistas de desenvolverem as sociedades e o mundo, graças a isso que o mundo evoluiu e chegou até aqui, com a possibilidade, uma diversidade de inovações que temos hoje, onde tudo começou do zero, pois foi com o decorrer do tempo, desde a criação da escrita até a mais evoluída das tecnologias, os homens tiveram o desejo de criar algo novo e essa criatividade humana é que faz cada um de nós sermos beneficiados. Uma viagem de 100 quilômetros que demoraria dias em cima de um camelo ou em um cavalo há 1000 anos atrás, hoje com o menos potente de nossos veículos é possível chegar em menos de duas horas, um navio que demorava meses para atravessar oceano, hoje um voo de São Paulo para Nova York é 10 horas, isso era impossível há 200 anos atrás. E todas essas tecnologias começaram com uma ideia de alguém que tinham guardada dentro de si uma das mais preciosa de todas as habilidades, a criatividade, com ela podemos, inovar e transformar o mundo, ganhar dinheiro, gerar riquezas e fazer uma nação inteira prosperar. Porque todas as tecnologias que foram criadas até agora, através dos imaginários de um visionário, deste a agulha de uma máquina de costurar até o ultimo smartfones lançado no mercado, geraram riquezas, alimentaram famílias, realizaram sonhos, construíram patrimônios que nunca houve antes, e o maior de todos os patrimônios que o imaginários humano produziu se chama conhecimento.

A riqueza dos conhecimentos

Não existe maior riqueza que o conhecimento humano, a arte do saber é a maior de todas as habilidades que existe. Segundo o livro de crônicas 2 capitulo I, versos 10-11, Quando Deus perguntou a Salomão qual era o desejo que ele queria realizar, o senho iria lhe conceder, Salomão respondeu: "Sabedoria". Porque através dela, ele saberia como administrar todo o patrimônio herdado do seu pai Davi e orientar todo o povo de Israel. Sem sabedoria, Salomão torraria toda a riqueza em questão de pouco tempo e o povo de Israel ficaria desorientados e pereceriam, mas por causa disso, ele governou por 40 anos e além de Deus ter realizado o desejo de Salomão, ter sabedoria, lhe deu muita riqueza.

> Naquela noite Deus apareceu a Salomão e lhe disse: "Peça-me o que quiser, e eu lhe darei".
> Salomão respondeu: "Tu foste muito bondoso para com meu pai Davi e me fizeste rei em seu lugar. Agora, SENHOR Deus, que se confirme a tua promessa a meu pai Davi, pois me fizeste rei sobre um povo tão numeroso quanto o pó da terra. Dá-me sabedoria e conhecimento, para que eu possa liderar esta nação, pois quem pode governar este teu grande povo?"

> Deus disse a Salomão: "Já que este é o desejo de seu coração e você não pediu riquezas, nem bens, nem honra, nem a morte dos seus inimigos, nem vida longa, mas sabedoria e conhecimento para governar o meu povo, sobre o qual o fiz rei, você receberá o que pediu, mas também lhe darei riquezas, bens e honra, como nenhum rei antes de você teve e nenhum depois de você terá".
> Então Salomão voltou de Gibeom, de diante da Tenda do Encontro, para Jerusalém, e reinou sobre Israel.
> Salomão juntou carros e cavalos; chegou a ter mil e quatrocentos carros e doze mil cavalos, dos quais mantinha uma parte nas guarnições de algumas cidades e a outra perto dele, em Jerusalém. O rei tornou tão comuns a prata e o ouro em Jerusalém quanto as pedras, e o cedro tão numeroso quanto as figueiras bravas da Sefelá. Os cavalos de Salomão eram importados do Egito e da Cilícia, onde os fornecedores do rei os compravam. Importavam do Egito um carro por sete quilos e duzentos gramas de prata, e um cavalo por um quilo e oitocentos gramas, e os exportavam para todos os reis dos hititas e dos arameus.
>
> (2 crônicas 1 versos 10-14)

Salomão o homem mais sábio do oriente.

"Deus deu a Salomão sabedoria, discernimento extraordinário e uma abrangência de conhecimento tão imensurável quanto a areia do mar. A sabedoria de Salomão era maior do que a de todos os homens do oriente e do que toda a sabedoria do Egito." (1 Reis 4:29-30)

"Homens de todas as nações vinham ouvir a sabedoria de Salomão. Eram enviados por todos os reis que tinham ouvido falar de sua sabedoria." (1 Reis 4:34)

Conhecimento atrai Riqueza.

Quanto mais conhecimento uma pessoa tiver em uma determinada área, uma habilidade que poucas pessoas dominam, mais ela será procurada, isso gera dinheiro. As faculdades estão cheia de discentes, mas a diferença é ser bom naquilo que você faz, por mais simples que seja a sua profissão, ser o melhor atraíra riquezas. Um trabalho feito com qualidade, essa informação viajará aos ouvidos de muitos e não existe maior publicidade e divulgação que um trabalho bem feito, seja até mesmo a profissão de um mecânico, ou um cabeleireiro que adquiriu a habilidade de uma forma improvisada, mas com o decorrer do tempo teve o interesse em uma especialização. Um trabalho com dedicação é a maior divulgação que uma pessoa pode ter. A seguir o exemplo da fama do rei salamão que despertou a curiosidade da rainha de sabá e por causa disso, ela trouxe ouro, isso significa que conhecimento atrai riqueza.

> A rainha de Sabá soube da fama que Salomão tinha alcançado, graças ao nome do Senhor, e foi a Jerusalém para pô-lo à prova com perguntas difíceis. Quando chegou, acompanhada de uma enorme caravana, com camelos carregados de especiarias, grande quantidade de ouro e pedras preciosas, fez a Salomão todas as perguntas que tinha em mente. Salomão respondeu a todas; nenhuma lhe foi tão difícil que não pudesse responder. Vendo toda a sabedoria de Salomão, bem como o palácio que ele havia construído, o que era servido em sua mesa, o alojamento de seus oficiais, os criados e os copeiros - todos uniformizados - e os holocaustos que ele fazia no templo do Senhor, a visitante ficou impressionada. Então ela disse ao rei: "Tudo o que ouvi em meu país acerca de tuas realizações e de tua sabedoria é verdade. Mas eu não acreditava no que diziam, até ver com os meus próprios olhos. Na realidade, não me contaram nem a metade; tu ultrapassas em muito o que ouvi, tanto em sabedoria como em riqueza. Como devem ser felizes os homens da tua corte, que continuamente estão diante de ti e ouvem a tua sabedoria! Bendito seja o Senhor, o teu Deus, que se agradou de ti e te colocou no trono de Israel. Por causa do amor eterno do Senhor para com Israel, ele te fez rei, para manter a justiça e a retidão". E ela deu ao rei quatro mil e duzentos quilos de ouro e grande quantidade de especiarias e pedras preciosas. Nunca mais foram trazidas tantas especiarias quanto as que a rainha de Sabá deu ao rei Salomão. (1 Reis 10:1-10)

Gente de todo o mundo pedia audiência a Salomão para ouvir a sabedoria que Deus lhe tinha dado. Ano após ano, todos os visitantes traziam algum presente: utensílios de prata e de ouro, mantos, armas e especiarias, cavalos e mulas. (1 Reis 10:24-25)

As pessoas estão dispostas a pagar para ouvir e aprender, quem é conhecedor de algum talento, uma habilidade profissional, poderá ser instrutor de alguém que deseja aprender, você só precisa saber quem é o seu público, depois que você descobrir poderá ter uma fonte de renda extra. Existe uma diversidade de dons que podem ser ensinados e aprendidos, uns tem mais facilidades do que outros de aprender, mas isso não significa que seja algo impossível para aqueles que têm dificuldades.

Se você é motorista e sabe dirigir, poderá ensinar seus amigos que desejam dirigir, fazer seu networking, quando mais pessoas você ensinar, se for bom naquilo que faz, poderá chegar longe. Poderá criar um plano de negócio e abrir uma auto escola, contratar funcionários para trabalhar para você, criar uma estabilidade financeira e beneficiar você e outras pessoas. Ter visão de desenvolvimento pode começar com algo simples, que requer **atitude, ousadia, preparação e conhecimento**.

Há pessoas que sabem tocar violão, essa habilidade, bem desenvolvida poderá despertar o desejo em outras pessoas que desejam tocar algum instrumento musical, as vezes por ter interesse em algum hobby, por divertimento ou admiração. Se você sabe tocar algum instrumento e se aprofundar no assunto a ponto de poder ensinar alguém, poderá ganha dinheiro dando aula para outras pessoas. Comesse com um aluno, depois dois alunos, três, até a quantidade que você achar que vai dar conta de ensinar. Poderá cobrar um valor que valerá pelo seu trabalho, poderá ter a sorte de tocar em uma banda musical. Se você sabe tocar violão e deseja ganhar dinheiro dando aulas ou tocando em uma banda, procure tocar outros instrumentos de cordas, isso fará as outras pessoas lhe ver como um mentor, alguém que tem entendimento e a procura poderá ser maior, devido a especialidade.

Além de ensinar há quem deseja aprender e ser beneficiado por isso, por exemplo: Cozinhar é um talento que pode gerar dinheiro, pessoas que tem o dom da culinária, poderá trabalhar com isso, saber fazer salgados, pizza, esfirras entre outros tipos de alimentos em um lugar de alta demanda, poderá mudar a sua situação financeira, tudo dependerá da sua criatividade. As pessoas procuram alimentos de boa qualidade, preços justos e sabores atrativos, procurar aprender a fazer bons pratos ou se você tem interesse em trabalhar com produção de alimentos, seu conhecimento é pouco, procure aprender mais receitas, fazer um curso de culinária e o retorno desse investimento lhe ajudará como uma fonte de renda.

Há muitas padarias, docerias, hamburguerias, confeitarias, pizzarias, lanchonetes, cafeterias, que os empreendedores começaram com pequenos investimentos e as vezes com um conhecimento limitados, depois de algum tempo esses estabelecimentos cresceram de forma que serviram para sustentar os empreendedores, funcionários, além de alimentar muitas pessoas que saboreiam essas delícias.

Há uma infinidade de opções na área da gastronomia e há pessoas que ficaram ricas, construíram patrimônios e estabilidade financeira, você poderá ser o próximo a ser beneficiado por essa habilidade.

Visão de desenvolvimentos

Atitude: As pessoas que desejam ensinar ou aprender algo inovador que impactará os negócios precisa ter em mente que tomar atitude é o melhor caminho, mas para isso é preciso fazer alguns estudos, a primeira coisa a fazer é calcular todos os gastos e o retorno financeiro do determinado período investido, para quem deseja empreender, um bom plano de negócio é ideal para mapear o planejamento.

Ousadia: é ter coragem correr os riscos, todas as pessoas que trabalham correm riscos, não é muito diferente de empreendedores, donos de negócios que enfrentam desafios, enfrentaram desafios e vão enfrentar, a única diferença entre uma pessoa que desistiu e uma pessoa que resistiu e superou tudo é a persistência, isso é uma característica de uma pessoa ousada. Todos os talentosos, artistas, escritores, oradores, atletas até mesmo alguém que ingressou em uma carreira acadêmica precisará enfrentar os desafios todos os dias. Sem ter ousadia é trilhar por um caminho mais difícil, embora uma pessoa seja muito talentosa e tenha boas habilidades profissionais, quem não é visto não é lembrado.

Preparação: É todas as habilidades técnicas dos desenvolvedores, alguém que deseja atuar em uma carreira profissional, além de estar preparado para executar as tarefas é preciso ter preparação para enfrentar os desafios, e esses preparo vai desse o preparo, físico, psicológico e emocional. A melhor maneira de fazer isso é estar sempre em uma boa sintonia, ser sempre uma pessoa alegre, realista e saber lidar com frustações, isso é ideal para o preparo, além disso ser uma pessoa resiliente, entender que tudo nessa vida é uma aprendizagem, mesmo diante de alguns fracassos.

Conhecimento: É ter sabedoria para interpretar a quantidade de informações disponíveis para pessoas, nos sites, artigos, livros e vídeos. Saber raciocinar o que é o ideal para o desenvolvimento do seu projeto que lhe fará crescer. Hoje com a era da informação é possível aprender diante de um computador ou um aparelho de celular na mão, a quantidade de conhecimento é de uma facilidade que era impossível há alguns anos atrás, mas com a evolução da tecnologia, ficou mais fácil para quem deseja aprender.

"Esforcem-se para ter uma vida tranquila, cuidar dos seus próprios negócios e trabalhar com as próprias mãos" (1 Tessalonicenses 4:11)

Capítulo 4

A excelência da sabedoria.

A sabedoria está clamando, o discernimento ergue a sua voz;
nos lugares altos, junto ao caminho, nos cruzamentos ela se coloca;
ao lado das portas, à entrada da cidade, portas adentro, ela clama em alta voz:
"A vocês, homens, eu clamo; a todos levanto a minha voz.
Vocês, inexperientes, adquiram a prudência; e vocês, tolos, tenham bom senso.
Ouçam, pois tenho coisas importantes para dizer; os meus lábios falarão do que é certo.
Minha boca fala a verdade, pois a maldade causa repulsa
aos meus lábios.
Todas as minhas palavras são justas; nenhuma delas é distorcida ou perversa.
Para os que têm discernimento, são todas claras,
e retas para os que têm conhecimento.
Prefiram a minha instrução à prata, e o conhecimento ao ouro puro,
pois a sabedoria é mais preciosa do que rubis;
nada do que vocês possam desejar compara-se a ela.
"Eu, a sabedoria, moro com a prudência,
e tenho o conhecimento que vem do bom senso.
Temer o Senhor é odiar o mal;
odeio o orgulho e a arrogância, o mau comportamento
e o falar perverso.
Meu é o conselho sensato; a mim pertencem o entendimento e o poder.
Por meu intermédio os reis governam, e as autoridades exercem a justiça;
também por meu intermédio governam os nobres,
todos os juízes da terra.
Amo os que me amam, e quem me procura me encontra.
Comigo estão riquezas e honra, prosperidade e justiça duradouras.
Meu fruto é melhor do que o ouro, do que o ouro puro;
o que ofereço é superior à prata escolhida.
Ando pelo caminho da retidão, pelas veredas da justiça,
concedendo riqueza aos que me amam e enchendo os seus tesouros.
"O Senhor me criou como o princípio de seu caminho,
antes das suas obras mais antigas;
fui formada desde a eternidade, desde o princípio, antes de existir a terra.
Nasci quando ainda não havia abismos, quando não existiam fontes de águas;
antes de serem estabelecidos os montes e de existirem colinas eu nasci.
Ele ainda não havia feito a terra, nem os campos,
nem o pó com o qual formou o mundo.
Quando ele estabeleceu os céus, lá estava eu;
quando traçou o horizonte sobre a superfície do abismo,
quando colocou as nuvens em cima e estabeleceu as fontes do abismo,
quando determinou as fronteiras do mar para que as águas
não violassem a sua ordem, quando marcou os limites
dos alicerces da terra,
eu estava ao seu lado e era o seu arquiteto; dia a dia eu era o seu prazer e
me alegrava continuamente com a sua presença.
Eu me alegrava com o mundo que ele criou, e a humanidade me dava alegria.
"Ouçam-me agora, meus filhos: Como são felizes
os que guardam os meus caminhos!
Ouçam a minha instrução e serão sábios.
Não a desprezem.

> Como é feliz o homem que me ouve, vigiando diariamente à minha porta,
> esperando junto às portas da minha casa.
> Pois todo aquele que me encontra, encontra a vida
> e recebe o favor do Senhor.
> Mas aquele que de mim se afasta, a si mesmo se agride;
> todos os que me odeiam amam a morte".
> (Provérbios 8 1-36)

Esses versos estudados revelam riquezas de detalhes, que colocado em prática temos um verdadeiro estatuto para nós humanos, nos primeiros versículos podemos ver que a sabedoria está em todos os lugares, nas entradas da cidade, nos lugares altos, cruzamentos, ela está clamando em alta voz, mas esse clamor é uma metáfora, podemos entender que em todos os campos estudados pela ciência, matemática, biologia, física, astronomia, medicina, tecnologia e etc. Não há limites para o saber, todos esses conhecimentos que foram descobertos, além de terem gerado muita riqueza para a humanidade, desenvolveu a mentalidade dos seres humanos, porque os homens dos século XXI não pensam como os homens de há 2000 anos atrás, o saber trouxe tantos desenvolvimentos e riquezas, que um homem simples que vive hoje, tem mais acesso a informações que um rei de 2000 anos atrás, uma mulher simples da sociedade tem mais conforto que uma princesa que vivia há 2000 anos atrás. O saber desenvolveu a mente dos homens desde a descoberta da escrita até agora e desde sempre evoluiu até as últimas descobertas.

Uma das partes que chama mais atenção é ler uma alerta aos homens tolos para que busquem a prudência, hoje o saber apesar de ser quase que ilimitado, mas poucas são as pessoas que buscam por conhecimentos e tentam progredir, são poucas as pessoas que querem ler, são poucas as pessoas que querem estudar, são muitas as pessoas que querem uma vida fácil, mas não querem sacrificar. Para uma pessoa adquirir conhecimento é preciso estudar, ler bons livros, inclusive a bíblia que tem bons ensinamentos para pessoas viverem em uma vida harmoniosa.

Uma das maiores riquezas que existe na humanidade que não pode ser comparado ao ouro, a rubis ou diamantes, se chama conhecimento. Quem tem conhecimento, a habilidade de construir riquezas, um dos maiores patrimônios que um Pai pode deixar para o seu filho é a sabedoria. Um filho por mais jovem que seja, mas se adquirir instruções de seus pais nunca passará vergonha, porque os pais que passaram dificuldades na vida, enfrentaram medos, choraram os seus sofrimentos, nunca vão querer que seus filhos passem pelas as mesmas experiências.

Nos primeiros capítulos do livro de provérbios, podemos ver jovens sendo aconselhados, esses conselhos são instruções de alguém que passou por experiencias, ou observada ou pessoal. E os principais conselhos é ter cuidados com as mulheres imprudentes e se afastar de companhias ruins. O maior erro que um jovem pode cometer em sua vida é se relacionar com uma mulher irresponsável ou ter amizades com uma pessoa do mal.

O que pode te tonar pobre? Tenha cuidado!

Você pode ter um patrimônio incalculável, mas tiver amizades ruins, com pessoas maldosas, se relacionar com um mulheres problemáticas, poderá perder tudo em questões de pouco tempo ou ter um grande prejuízo.

O livro de proverbio 6-26 faz uma advertência e diz: "O preço de uma prostituta é um pedaço de pão, mas a mulher adúltera anda atrás de vidas preciosas." Essa intepretação significa dizer que as prostitutas não tiveram escolhas, elas precisam se alimentar, vendem o próprio corpo por um dinheiro que só dar para comprar o básico, mas as mulheres loucas, que querem roubar e destruir, não são prostitutas, elas não se importam com a fidelidade, nem com compromissos, por isso os jovens que ouvirem esse conselho e colocarem em prática, ficará livre de possíveis fraudes.

Quanto as amizades ruins farão você virar a cabeça e gastar todas as suas economias, porque se você andar com um sábio será tão sábio como ele, mas se andar com os imprudentes, será mais perturbado que eles. São muitas as histórias de jovens brilhantes, mas por acompanhar as más influencias, viraram usuários de drogas, foram presos por furtos ou viraram mendinhos.

Ao aconselhar os jovens, o autor de provérbios transmitiu uma mensagem rica que pode livrar a cabeças de muitos que são inocentes, basta ler e refletir, com isso, não existe melhor aviso aos desatentos que ao ter os devidos cuidados.

Esses conselhos valem tanto para os homens e mulheres, a diferença é que antigamente naquela região da palestina, as mulheres eram submissas ao pai ou ao marido, que eram seus provedores e donos de patrimônios, mas com a evolução da sociedade, as mulheres hoje constroem riquezas, têm posses e legados, com isso, essas mulheres deverão ter todos os cuidados possíveis com os homens rebeldes e as amizades falsas.

Se você é jovem e quer ser um homem ou uma mulher bem sucedida tenha cuidado com quem anda, as amizades fraudulentas podem fazer você cair, o primeiro conselho para prosperar é andar cercado de pessoas que tem sabedoria, paz de espirito, controlada e que gostam de estudar.

Se você quer saber as dores de cabeças que vai ter em sua vida, os prejuízos que vai tomar e decepções na sua vida, ande com pessoas maldosas, cheio de encrencas e enganadoras. Além de todos os prejuízos que terá, ficará mais difícil de você prosperar na vida. Portanto tenha cuidados com as suas amizades, não dê confianças para que você não conhece.

Os prejuízos.

Só os bancos devem emprestar dinheiro, tenha cuidado com o seu nome, quem não tem zelo pelo próprio nome, jamais terá zelo pelo nome de outros.

Hoje o número de inadimplência é muito alto, as pessoas estão cada vez mais saindo dos limites, as instituições financeiras estão pouco se importando com as pessoas que sujam os seus nomes, isso significa que elas não conseguirão comprar mais a prazo em nenhum lugar, porque uma pessoa com o score baixo, todos os bancos já recebem um alerta, portanto mesmo com a quantidade de inadimplentes que existe, mas os bancos estão lucrando milhões a cada ano que passa, isso significa, que a grande maioria dos clientes estão pagando.

Há muitos casos de pessoas que por não terem o nome limpo, por constarem na lista de proteção de créditos, vão querer lhe passar a rasteira, pedir o seu nome emprestado e não lhe pagar, isso já aconteceu inúmeras vezes, continuam acontecendo e vai acontecer cada vez mais, mas esse livro é para orientar os leitores sobre tomar as devidas providências, terem cuidado, porque o nome é pessoal, não empreste seu nome, nem seu cartão, saiba que o cartão de crédito que você tem além de ter altos juros no mercado, o limite que há nele não é seu. Se você emprestar o seu cartão de crédito para alguém que já tem o nome sujo e essa pessoa não pagar, além de você está emprestando o dinheiro do banco, pagará juros sobre juros caso atrase a fatura, você terá duas escolhas ou pagar ou sujar o nome por causa de terceiros.

Maria e João.

Maria e João eram namorados, João sempre gostou de gastar além de seus limites, todo o dinheiro que ganhava, gastava no mesmo dia, um dia João fez uma alta dívida e não pagou e seu nome ficou sujo, não se importou muito em querer pagar e os anos foram passando, até que um dia ele precisou comprar uma moto para poder trabalhar, mas ao analisarem o seu nome, constava nos órgãos de proteção de crédito.

Maria era uma moça organizada e trabalhadora, gostava de economizar, todos os meses investia 10% do seu salário no tesouro direto, com isso planejava compra uma casa no futuro, pechinchava o máximo que podia, era uma pessoa bondosa, generosa e gostava de ajudar as pessoas. Um dia seu namorado João chegou na sua casa e pediu que ela lhe financiasse uma moto, pois desejava trabalhar e o seu score era baixo, maria sem muitas argumentações foi até a loja e financiou a moto em seu nome em 24 meses, João ficou muito feliz e disse que todos os meses faria o máximo para nunca deixar atrasar nenhum dia, então assim foi, Seis meses ele cumpriu com a promessa, depois ele começou atrasar as prestações, quando foi no decimo segundo mês, ele não mais estava pagando, um certo dia chegou uma carta na casa da maria, era o Serasa alertando que já havia 6 meses que a dívida não era mais paga, com isso, ela ficou decepcionada, discutiram por causa disso, João se justificou, argumentou que o salário era insuficiente, mas a verdade era que ele era um péssimo administrador do seu próprio salário, o dinheiro que ele ganhava era mais que o suficiente para pagar os boletos da moto e o que sobrava, se não fosse por causa da sua falta de orientação financeira, dava para ele guardar ou investir.

Além dele ter sujado o seu próprio nome, sujou o nome da Maria, passou vergonha, perdeu a namorada, porque Maria decidiu não querer mais namorar com ele.

Histórias assim, acontecem todos os dias, com amigos, familiares, namorados e os maiores prejudicados com isso, são as pessoas que emprestam seus nomes.

No exemplo de maria acima, ela teve que pagar uma dívida por querer ajudar alguém desorganizado, que não tinha planejamento financeiro.

Apesar de ela ser uma pessoa organizada, investidora, que gostava de economizar, mas não foi o suficiente para se livrar das persuasões de alguém que tinha experiencia em enganar os outros, com isso, podemos ter como lição, existem pessoas espertas de tal modo, que não podemos subestimar a sua inteligência.

O poder do marketing

Uma pessoa por mais conhecimento de cálculos que ela tenha, mesmo que conheça todos os tipos de investimentos financeiros, saiba fazer cálculos de contabilidade, mas pode ser enganada, porque as persuasões existem em todos os níveis, para onde que a pessoas vá, em lojas, supermercados, na internet, há tentações. Os gurus de marketing são treinados para fazer você comprar, por impulsos, por emoção, eles usam os seus sentidos para fazerem você comprar até o máximo de todos os seus limites, cuidado.

Há pessoas que compram por impulsividade, sem necessitar, mas por um desejo ardente que pulsa dentro de si, algo que pode ser explicado pelos cinco sentidos humanos, o paladar, o olfato, a visão e o tato. Os poderes sinestésicos da persuasão dos sentidos são usados para enfeitiçar as pessoas que tem sentidos aguçados e não tem auto controle de si, se você quer economizar, tente controlar as suas emoções, para fazer isso não depende somente de você, há sempre transgressão, uma terapia pode ser a solução, para seus impulsos automáticos.

Os tratamentos para consumistas impulsivos podem ser feitos por psicólogas, administradores financeiros, mas o ideal é ser orientado por alguém que tem conhecimento sobre dinheiro. Assim o paciente além de tratar o transtorno, receberá orientações para administrar suas economias.

Toda pessoa que adquiriu muito dinheiro, através da sorte, a primeira coisa que deveria fazer era consultar um especialista financeiro, porque esses profissionais, sabem dizer e calcular as evidencias para o futuro, o dinheiro que você está em mão hoje sofre várias influencias, a desvalorização de mercado perante outras moedas estrangeiras, a inflação dentro de um país, sendo assim se você não souber o que fazer com a fortuna que está em mão poderá ficar pobre.

São muitas as pessoas que ganharam fortunas e ao invés de prosperarem, por falta de orientação financeira perderam tudo. Artistas, ganhadores da loteria, até pessoas que são preparadas para os campos em que atuam, mas são péssimos administradores das suas finanças. Quaisquer pessoas poderão ser enganadas e se sentir perdido, principalmente caso ela receba uma bolada de uma vez. A primeira coisa que virá em sua cabeça é: "O que vou fazer com tudo isso?" sendo assim, sem orientação, ela começará a gastar compulsivamente, porque na mente dela aquele dinheiro que ela tem em mão é infinito, o que não é verdade por maior que seja a quantidade, a única forma de fazer seu dinheiro render ou ser valorizado com o tempo é através de investimento ou comprando lastros.

Pessoas que ganharam muito dinheiro e perderam tudo.

Clarissa Dickson Wright

No final dos anos 70, Clarissa Dickson Wright, que depois ficou conhecida pelo programa de televisão britânico "Two Fat Ladies", recebeu uma herança de cerca de 2,8 milhões de libras esterlinas com a morte de sua mãe.
Esse dinheiro, se bem administrado e investido, seria suficiente para durar por toda a vida. Porém, a morte repentina de sua mãe de ataque cardíaco em 1975 foi um duro golpe para ela emocionalmente.
Ela não era apenas próxima de sua mãe, mas também enfrentou problemas com pai alcoólatra que veio a morrer também pouco tempo depois.
Wright, então com 25, enfrentou uma depressão profunda que ela procurou remediar com álcool.
Ela começou a beber naquele mesmo dia e passou os próximos 10 anos em uma névoa de embriaguez.
Não foi apenas o **álcool** que corroeu sua herança, mas também os **gastos generosos**.
Ela embarcou em uma **vida de festas e jogos de azar**, com despesas indo para iates, jatos e hotéis luxuosos.
No início da década de 1980, seu estilo de vida a impediu de exercer a advocacia novamente e ela **se tornou uma sem-teto**.
A história que tinha tudo para acabar mal, mas Dickson Wright conseguiu se reerguer e **refazer sua fortuna do zero**.
Depois de um período terrível entre centros de desintoxicação e uma série de empregos domésticos, aos 40, após 10 semanas sóbria, ela encontrou uma loja de livros de receitas em Notting Hill, cujo dono precisava de alguém para dirigi-la.
A loja prosperou durante sua passagem de sete anos. Foi lá que conheceu uma produtora de TV britânica que a levou para estrelar "Two Fat Ladies".

Ela se tornou uma **respeitada cozinheira**, escreveu e co-escreveu 16 livros, incluindo "A History of English Food "(2011).
Após 27 anos sóbria, em 2014 Clarissa Dickson Wright faleceu aos 66 anos."
(Fogaça, 2021)

Marquês de Bristol, John Hervey

Parte da realeza inglesa, John Hervey, o 7 Marquês de Bristol, herdou sua fortuna em seu 21º aniversário no final dos anos 70. A herança de US$ 6 milhões equivaleria a cerca de US$ 65 milhões nos dias de hoje.
Essa fortuna também aumentou por meio de uma série de **investimentos inteligentes** em imóveis, petróleo e outros empreendimentos.
Hervey pode ter sido inteligente em investimentos, mas escolheu viver um **estilo de vida decadente** que rapidamente excedeu sua vasta fortuna.
Seu dinheiro foi para iates, carros esportivos e acompanhantes, mas essas despesas não eram nada comparadas ao incontrolável vício das drogas que ele desenvolveu.
Em 10 anos, mais de US$ 9 milhões de sua fortuna foram para cocaína e heroína.
As despesas começaram a aumentar à medida que **seu vício em drogas resultou em vários delitos** de drogas, um deles resultando em deportação.
No início dos anos 90, ele estava à beira da falência. Morreu em 1999 devido a uma "falência de múltiplos órgãos devido ao abuso crônico de drogas".
(Fogaça, 2021)

Huntington Hartford II

Hartford era neto de um dos fundadores da rede americana de supermercados A&P. Ele cresceu no meio da riqueza, sendo mimado por sua mãe e uma equipe de criados.
Em 1922, após a morte de seu pai, herdou uma fortuna de US$ 90 milhões, mas viria a perder cerca de US$ 80 milhões perseguindo seus sonhos como empresário e patrono das artes.
Ele investiu sua herança em vários negócios falidos e projetos insustentáveis, incluindo o Museu Huntington Hartford, também conhecido como Galeria de Arte Moderna de Manhattan.
O prédio foi inaugurado em 1961 e imediatamente considerado uma loucura. Longe de se tornar o museu autossustentável como previsto, custou a Hartford US$ 7,4 milhões.
E sua remodelação da Ilha Hog, nas Bahamas, que ele rebatizou de Ilha Paraíso que resultou em um prejuízo superior a US$ 30 milhões.
Em 1992, ele teve que pedir concordata e foi morar de aluguel em um prédio decadente no Brooklyn." (Fogaça, 2021)

Os maus negócios.

Existem muitas histórias de pessoas que ganharam muito dinheiro, mas não souberam aproveitar, fizeram mau investimento, gastaram com tudo que desejaram e terminaram pobres e falidas.

O único meio de evitar os erros que foram cometidos no passado é estudar, ter sabedoria para saber o que está acontecendo no presente e saber o que poderá acontecer no futuro, não existe pior coisa que investir em um mal negócio e para ficar livre de falências, todo empreendimento precisa de um planejamento estratégico, uma pesquisa de mercado para saber a opinião das pessoas para um determinado produto ou serviço, um plano de negócio bem desenhado para evitar ficar perdido em um labirinto de dúvidas.

Muitos empreendedores preferem arriscarem, sem conhecimento, por improvisação e sem fazerem uma consultoria, mas esse não é o melhor caminho. A improvisação por mais criativo seja o investidor, mas sempre poderá haver alguma falha, o sucesso depende de muitos requisitos que são estudados todos os dias, por isso que existe os administradores, esses profissionais estudam desde a linguagem do marketing até as gestões financeiras que são tão importantes para todas as empresas.

Os maus negócios podem consumir tempo, dinheiro, dores de cabeça, arrependimentos, tudo por falta de um bom planejamento, estudos e pesquisas.
A improvisação não é e nunca foi a solução para quem deseja investir e prosperar, pessoas do mundo todo precisam de bons orientadores, nos relacionamentos, nos esportes, nas relações públicas e principalmente nos negócios. Um bom exemplo é o futebol, sem as orientações de um técnico, por mais habilidosos que seja os jogadores, mais poderão ficarem perdidos, porque quem ver de fora sempre ver melhor que os que estão dentro do jogo. Os empreendimentos são do mesmo jeito, os técnicos são os administradores sábios e capacitados para a sua empresa.

A profissão de administrador é pouco valorizada no Brasil, não existe uma lei que determine que determinadas áreas tenha um administrador, por esse motivo é comum ver algumas empresas cujo o gerente é uma pessoa sem muitas habilidades técnicas e conceituais do campo acadêmico da administração, alguns gerentes de muitas empresas tem o segundo grau e outros são formados em áreas que não tem nada a ver com o campo gerencial.

Em países como nos Estados Unidos os administradores são pessoas renomadas, como diretores, presidentes e essa profissão é muito valorizada.

Os empreendimentos existem em todas as escalas, do campo do comercio, serviços, a empresas sólidas como a indústria, para que aconteça a instalação em uma determinada cidade, o investidor precisa estudar qual o nicho é de maior demanda. Um empreendedor que deseja investir em uma loja de roupas em uma cidade, pode ser surpreendido que o macroambiente desse lugar existe uma grande demanda de medicamentos, nesse sentido, o ideal não é investir em uma loja de roupas, isso seria arriscado, o ideal seria criar uma farmácia no local. Não há nenhum problema em ser um empreendedor versátil, você pode ter vários negócios diferentes em cidades diferentes de acordo com o seu nicho, isso é saber ganhar dinheiro.

O maior erro de muitos empreendedores é investir em um determinado nicho por pensar que a sua sorte só dependerá desse negócio especifico, muitos lojistas, poderiam ser donos de outras empresas afins, um restaurante, um posto de gasolina, uma farmácia, um frigorifico. Vai depender a demanda da cidade estudada. A falta de coragem de muitos empresários é por falta de especialidade, alguns são especialistas em saberem vestir, outros são especialistas em alimentar, mas é por isso que existem os administradores para ajudarem muitos empresários que precisam dirigirem suas empresas, você que é empresário só precisará entender de suas finanças, deixa que os trabalhadores farão a máquina trabalhar e gerar o capital.

Por exemplo: em um supermercado, precisa de pessoas que irão trabalhar no caixa, outros na limpeza, no layout e na organização, na coordenação e gerenciamento e o dono do supermercado, não precisa entender de nenhum desses requisitos, a única coisa que o dono precisa entender é do fluxo de caixa, saber que esse supermercado está dando retorno aos seus investimentos. Se isso vale para uma empresa que tem vários departamentos, valerá para um conglomerado de investimentos, os especialistas serão os trabalhadores, que lutarão pelo lucro.

"Há um grave mal que vi debaixo do sol: as riquezas que os seus donos guardam para o seu próprio prejuízo.

E, se essas riquezas se perdem num mau negócio, o filho que esse homem gerou ficará de mãos vazias." **Eclesiastes 5:13-14**

Os maus negócios é uma catástrofe, que acontece por falta de estudo de mercado e um bom planejamento, homens sem conhecimento algum que ganham uma grande quantia de dinheiro, não saberão administrar esses recursos, empregarão em maus negócios e perderão tudo, por outro lado há aqueles que começaram do zero, por sabedoria e por seguir bons conselhos financeiros, construíram patrimônios incalculáveis. Isso significa que mesmo uma pessoa que tenha poucos conhecimentos em investimentos e o mercado financeiro é possível que ela prospere e multiplique seus investimentos, basta que seja auxiliado por bons administradores de recursos.

O maior erro que um afortunado pode cometer ao ganhar uma grande quantidade de dinheiro é guardar esse dinheiro, mesmo que seja na poupança, porque as inflações nos dias de hoje vão desvalorizar uma grande porcentagem do dinheiro parado ou no caso de investimento em poupança com correções baixas em comparações a outros investimentos no mercado. Guardar dinheiro nunca é uma boa solução, ele tem que estar em circulação, gerando riquezas e se multiplicando. A parábola dos dez talentos é bem clara com isso em coerência com Eclesiastes 5-13. Portanto o melhor a fazer é fazer bons investimentos para que o futuro seja cheio de fartura, semelhante sementes plantadas em boa terra, mas com um tempo, essas sementes geminarão, crescerão e botarão frutos, assim será um bom investidor que não deixará seus filhos passarem dificuldades, nem fome.

O maior patrimônio que os pais podem deixarem para seus filhos, não são bens mobilizados e imobilizados, os bens calculáveis nas mãos de herdeiros prudentes e bem educados financeiramente prosperarão, mas nas mãos de herdeiros imprudentes acabarão, com isso, será importante ensinar seus filhos administrarem recursos, evitando gastos supérfluo. Uma boa educação financeira é muito importante.

Os ensinos escolares hoje no brasil, ensinam os alunos a calcularem as 4 operações de matemática, mas não ensinam os alunos a importância da educação financeira, muitos são os alunos que terminarão o ensino médio sabendo equações que pouco usarão em suas vidas diárias, mas o essencial não é ensinado. Muitos encontrarão o primeiro emprego e ficarão endividados com cartões de créditos, empréstimos, financiamento e cheques especiais e aprenderão mais sobre o consumismo, exceto aqueles que aprenderão sozinhos ou orientados por seus pais sobre administrarem as suas finanças. Contudo o maior patrimônio que os pais deixarão para seus filhos é uma boa educação e em especial saber gerenciar os seus próprios recursos.

O melhor negócio que um empreendedor pode fazer além de saber gerenciar seus recursos financeiros é saber liderar sua própria família, dando boas instruções para seus filhos, porque eles serão a base para o futuro dos seus empreendimentos, uma família desestruturadas, por mais que os seus investimentos estejam faturando muito dinheiro, mas ao surgirem problemas familiares, com filhos dando problema, seus investimentos pode ser deflacionado, são muitos os exemplos de pais que prosperaram, mas por causa dos seus filhos tiveram grandes perdas financeiras, de tempo e muitas dores de cabeça.

O chefe de família é responsável por fiscalizar todo o percurso de seus filhos, desde as notas da escola ao tipo de amizades que eles estão se envolvendo, mas fiscalizar os gastos, consumos, orientar seus filhos sobre a importância de guardar dinheiro é essencial para uma boa estrutura econômica tanto no presente como no futuro.

A sociedade é impulsionada a ser consumista, com isso as pessoas não têm controle sobre os gastos, são muitos que trabalham para pagar as contas no final do mês, por não terem recebido educação financeira, gastam além dos ganhos mensais e ficam endividados, mas aqueles que são orientados desde cedo poderão cortar esse ciclo vicioso de gastar além dos seus limites.

Uma pessoa que recebe uma boa educação financeira percebe desde cedo que o melhor caminho para prosperar é trabalhar, guardar e investir no determinado tempo.

Assim como uma arvore é plantada na terra, tem o seu próprio tempo de botar seus frutos, esse processo de trabalhar, guardar e investir é a mesma forma.

A curto prazo uma pessoa que trabalha deverá fazer algum planejamento para poder investir, isso depende dos sonhos de cada pessoa, sendo assim todo o dinheiro que essa pessoa ganhar será focado para esse planejamento, somente assim é possível ter a motivação de guardar dinheiro.

Se você quiser que seus filhos prosperem é bom ensinar eles trabalharem para poderem realizarem seus sonhos, não tente facilitar as regras, porque ninguém vai valorizar aquilo que veio fácil, mas aquilo que veio com fruto dos nossos próprios esforços é que valorizamos, sendo assim, uma pessoa que tem um sonho, vai trabalhar para poder alcançar. Quem trabalha e sabe que tem um sonho, vai juntar dinheiro para poder investir.

Todo empreendedor que deseja ser um bom líder, um bom chefe de família, um bom administrador de recursos, precisará inspirar seus filhos a sonharem com seus próprios negócios, o melhor caminho é incentivar eles desde cedo a serem novos empreendedores, assim poderá nascer novas ideias, com isso, sua família poderá construir algo semelhante que você construiu ou poderá ir além disso.

As famílias mais estruturadas que existem financeiramente sabem desse segredo, mas aqueles que não conhecem essas regras, deixará que seus filhos consumam todo o seu patrimônio que talvez demorou muito tempo para ser construído.

As facilidades financeiras e os cuidados com as dívidas.

Todas as pessoas que trabalham para ganharem um salário, que tem conta em um determinado banco, terão facilidades para ter acesso a empréstimos pessoais, limites de cheques especiais e cartões de créditos. Em alguns casos os limites de cheques especiais e empréstimos pessoais, seus juros chegam a serem exorbitantes, as pessoas desavisadas que se arriscam com esse tipo de dívida, ficarão reféns ao obterem uma dívida que poderá ser confundido com benefício.

Há uma grande diferença receber uma dívida e receber um benefício. Os cartões de créditos, os empréstimos pessoais e cheque especiais, não são benefícios, porque o dinheiro que estão sendo disponibilizados ali não são seus. Esses produtos são ofertas que os bancos fazem para lucrar, é um produto bancário. São muitas pessoas que ficam ansiosas, quando o banco disponibiliza um alto limite de cheque especial ou um cartão de credito na sua conta, isso impulsiona muitas pessoas a fazerem dívidas sem quererem, principalmente quando se tratam de cartões de créditos.

A sedução de comprar no cartão de crédito é por causa das parcelas, sendo assim, um móvel que tem o preço de avista e o valor é R$ 1000,00 poderá ser didivido10x de R$ 100,00, mas o grande problema é quando as pessoas caem na armadilha de pagar o mínimo ou deixa de pagar as parcelas, os juros vão acumular e ao invés de pagar R$ 1000,00 esse valor será bem além do previsto. Quem souber usar o cartão de crédito, ganhará poder de compra, isso significa dizer que se uma pessoa tem poco dinheiro e não consegui poupar, o cartão de crédito facilitará o acesso as compras, mas com cuidado, se você se descontrolar, tudo que comprar for no cartão de crédito isso poderá lhe dar uma grande dor de cabeça.

> Os planos bem elaborados levam à fartura;
> mas o apressado sempre acaba na miséria. **(provérbios 21:5)**

A citação de proverbio 21:5 faz nós refletimos sobre os nossos impulsos, porque as pessoas que são apressadas sempre estão sendo impulsionada a agir sem planejamento, isso é um risco para quem tem um cartão de crédito ou um limite disponível na conta corrente.

O pecado não é comprar no cartão de crédito, mas extrapolar, comprar além do alcance sem nenhuma elaboração de seus orçamentos.

Quanto mais você elaborar os seus orçamentos financeiros, mais equilibrado será os seus orçamentos. Quando você perde o equilíbrio de seus gastos a tendencia será ficar mais endividado.

Capítulo 5

O que a parábola do filho pródigo ensina sobre o seu dinheiro?

O filho perdido

Jesus continuou: "Um homem tinha dois filhos.
O mais novo disse ao seu pai: 'Pai, quero a minha parte da herança'. Assim, ele repartiu sua propriedade entre eles.
"Não muito tempo depois, o filho mais novo reuniu tudo o que tinha e foi para uma região distante; e lá desperdiçou os seus bens vivendo irresponsavelmente.
Depois de ter gasto tudo, houve uma grande fome em toda aquela região, e ele começou a passar necessidade.
Por isso foi empregar-se com um dos cidadãos daquela região, que o mandou para o seu campo a fim de cuidar de porcos.
Ele desejava encher o estômago com as vagens de alfarrobeira que os porcos comiam, mas ninguém lhe dava nada.
"Caindo em si, ele disse: 'Quantos empregados de meu pai têm comida de sobra, e eu aqui, morrendo de fome!
Eu me porei a caminho e voltarei para meu pai e lhe direi: Pai, pequei contra o céu e contra ti.
Não sou mais digno de ser chamado teu filho; trata-me como um dos teus empregados'.
A seguir, levantou-se e foi para seu pai.
"Estando ainda longe, seu pai o viu e, cheio de compaixão, correu para seu filho, e o abraçou e beijou.
"O filho lhe disse: 'Pai, pequei contra o céu e contra ti. Não sou mais digno de ser chamado teu filho'.
"Mas o pai disse aos seus servos: 'Depressa! Tragam a melhor roupa e vistam nele. Coloquem um anel em seu dedo e calçados em seus pés.
Tragam o novilho gordo e matem-no. Vamos fazer uma festa e alegrar-nos.
Pois este meu filho estava morto e voltou à vida; estava perdido e foi achado'.
E começaram a festejar o seu regresso.
"Enquanto isso, o filho mais velho estava no campo. Quando se aproximou da casa, ouviu a música e a dança.
Então chamou um dos servos e perguntou-lhe o que estava acontecendo.
Este lhe respondeu: 'Seu irmão voltou, e seu pai matou o novilho gordo, porque o recebeu de volta são e salvo'.
"O filho mais velho encheu-se de ira e não quis entrar. Então seu pai saiu e insistiu com ele.
Mas ele respondeu ao seu pai: 'Olha! todos esses anos tenho trabalhado como um escravo ao teu serviço e nunca desobedeci às tuas ordens. Mas tu nunca me deste nem um cabrito para eu festejar com os meus amigos.
Mas quando volta para casa esse teu filho, que esbanjou os teus bens com as prostitutas, matas o novilho gordo para ele!'
"Disse o pai: 'Meu filho, você está sempre comigo, e tudo o que tenho é seu.
Mas nós tínhamos que celebrar a volta deste seu irmão e alegrar-nos, porque ele estava morto e voltou à vida, estava perdido e foi achado.

(Lucas 15: 11-32.)

Um dos ensinamentos mais explícito da bíblia é sobre a sabedoria, ser sábio é a função para todas as reflexões, ao contrário de ser sábio é ser tolo, o livro de proverbio fala inúmeras vezes sobre o sábio e sobre o tolo. Essas pessoas agem como se não houvesse consequência, portanto, toda ação tem as suas reações, essa é a lei da causa e efeito, o universo responde de acordo com as suas ações, não há outra regra que possa retroceder a esse processo. As narrativas citadas acima é mais uma das milhares de reflexões compostas nos ensinamentos, essa parábola é uma verdadeira lição sobre o que devemos fazer em relação as nossas finanças, e não importa o tamanho da nossa riqueza, seja ouro, diamantes, imóveis, se não soubemos administrar, fazer bons investimentos, a tendencia é a escassez.

O filho pródigo gastou como tolo, sem pensar no futuro, como se todos os prazeres daquele momento fossem inacabáveis, mas à medida que o tempo foi passando e ele ficou pobre ninguém quis ajudar a ele se erguer, os amigos abandonaram, as prostitutas fugiram dele e ele ficou sozinho, sem alimentação básica, de modo que ele passou tanta fome, que desejou comer com os porcos. A sorte do filho prodigo foi um pai bom e amoroso que ele tinha. Isso significa dizer que os maiores laços dos seres humano é a família, uma família bem estruturada é fonte de riqueza e prosperidade, mas mesmo assim é preciso ter cuidado, porque conforme a citação, até mesmo o seu irmão ficou com muito ciúme.

A parábola do filho pródigo nos ensina e faz refletir sobre a importância de podemos sermos sábio e a não agir conforme os impulsos. As emoções é uma fraude, muitas pessoas são sabotadas todos os dias, porque são ansiosas, não sabem esperar e não têm paciência. A paciência leva a maturidade, que por sua vez, nos leva a muitas reflexões e a sabemos agir no tempo certo.

O filho pródigo era jovem e em suas veias, corriam muitas adrenalinas, por esse motivo sonhava em se aventurar e desfrutar de muitos prazeres, isso é um perigo para quem não tem controle de si. Os jovens podem ser aventureiros, viajar, namorar ou qualquer outra aventura, mas que sejam cautelosos, porque a extrapolação pode levar há algumas consequências ruins. Todas as coisas que são bem planejadas e calculadas conformes os nossos limites, não causarão prejuízos, mas a palavra chave é ter limites. Se os limites forem ultrapassados, os prejuízos se estabelecerão, por esse motivo a ostentação são para os tolos, os sábios não ostentam.

Conforme os ensinamentos da parábola acima, o pai do filho pródigo não mandou colocar dez anéis de ouro nos dedos do seu filho, não mandou matar dois novilhos para fazer um banquete em comemoração a volta do seu filho, foi tudo dentro do limite, foi colocado uma roupa nova e calçados em seus pés.

A ostentação é o caminho para pobreza. O filho pródigo ostentou a ponto de chamar atenção de amigos e mulheres, mas ficou pobre. E o objetivo da ostentação é chamar atenção das pessoas, mostrar o poder e o domínio financeiro, mas isso é tão perigoso que além de levar a falência, poderá causar ciúmes em muitas pessoas.

Além disso em um país perigoso como o Brasil, ostentar é chamar Atenção de ladrões, Portanto se você tem dinheiro, o melhor a fazer é ser sigiloso.

Capitulo 6

José um grande administrador do Egito.

> E Jacó habitou na terra das peregrinações de seu pai, na terra de Canaã.
> Estas são as gerações de Jacó. Sendo José de dezessete anos, apascentava as ovelhas com seus irmãos; sendo ainda jovem, andava com os filhos de Bila, e com os filhos de Zilpa, mulheres de seu pai; e José trazia más notícias deles a seu pai.
> E Israel amava a José mais do que a todos os seus filhos, porque era filho da sua velhice; e fez-lhe uma túnica de várias cores.
> Vendo, pois, seus irmãos que seu pai o amava mais do que a todos eles, odiaram-no, e não podiam falar com ele pacificamente.
> Teve José um sonho, que contou a seus irmãos; por isso o odiaram ainda mais.
> E disse-lhes: Ouvi, peço-vos, este sonho, que tenho sonhado:
> Eis que estávamos atando molhos no meio do campo, e eis que o meu molho se levantava, e também ficava em pé, e eis que os vossos molhos o rodeavam, e se inclinavam ao meu molho.
> Então lhe disseram seus irmãos: Tu, pois, deveras reinarás sobre nós? Tu deveras terás domínio sobre nós? Por isso ainda mais o odiavam por seus sonhos e por suas palavras.
> E teve José outro sonho, e o contou a seus irmãos, e disse: Eis que tive ainda outro sonho; e eis que o sol, e a lua, e onze estrelas se inclinavam a mim.
> E contando-o a seu pai e a seus irmãos, repreendeu-o seu pai, e disse-lhe: Que sonho é este que tiveste? Porventura viremos, eu e tua mãe, e teus irmãos, a inclinar-nos perante ti em terra?
> Seus irmãos, pois, o invejavam; seu pai, porém guardava este negócio no seu coração.
>
> (Gênesis 37: 1-11)

Os dons de José vão além de interpretar sonhos, porque seus irmãos e pai também interpretavam, conforme está escrito, no entanto os dons de josé era ser uma pessoa correta, de boa índole, que não se envolvia com as coisas erradas, isso fica bem claro nos primeiros versículos da bíblia.

"e José trazia más notícias deles a seu pai." Genesis 37:2

Por ser muito jovem e não apoiar seus irmãos nas más condutas, isso o diferenciou, porque lá na frente ele precisaria usar esse dom de boas ações. Se José fosse de má conduta, na primeira tentação, quando a mulher de Potifar tentou seduzir, ele teria caído facilmente, mas ele resistiu porque era um homem correto, de boas ações.

Quando José foi exaltado por faraó e se tornou governador do Egito, a sua gestão foi tão eficiente, que nos momentos de seca, não faltou alimento no Egito, até mesmo as pessoas de fora foram comprar alimentos naquela região, inclusive seus irmãos.

A lição que podemos tirar desses versículos é que para sermos prósperos em nossos negócios, é preciso agimos corretos, não ser fraudulento. Porque a fraude pode até ser boa por alguns instantes, mas quando a verdade aparece, isso pode causar prejuízos, decepções, dores de cabeça e vergonha. Os irmãos de josé foram fraudadores, ao forjarem a morte de seu irmão, mentiram para o seu pai, causando dor, mas foram envergonhados por sua má conduta, porque o tempo mostrou a verdade.

Um outro ponto que podemos analisarmos, José por ser jovem sonhador, inocente, ao contar seus sonhos para seus irmãos, o ciúme os fazia terem ódio e por isso josé era invejado, isso lhe causou prejuízos.

Com isso podemos entender que é preciso ter cuidado ao contar seus sonhos, objetivos e planos para outras pessoas.

Qualquer pessoa que deseja ter prosperidade, sonha em realizar um projeto, precisa saber que falar seus objetivos para certas pessoas, pode ser prejudicial, mas quando você trabalha em silêncio e não revela seus objetivos e seus planos a ninguém, a chance de ter sucesso é maior. As pessoas invejosas podem até mesmo sabotarem os seus projetos, caso tiverem acesso. Foi o que aconteceu com José, essa história transmite algumas mensagens, no campo teológico é fazer as pessoas refletirem sobre as palavras que saem da boca, quando queremos compartilhar algo bom com alguém, mas saiba que nem todos estão preparados para verem a sua estrela brilhar.

A boa gestão de José.

Os sonhos que José tinha, revelavam que ele seria um homem com uma eficiência extraordinária, um talento nato que somente alguém de sua magnitude poderia gerir os recursos no tempo de fartura e no tempo de seca, isso mostra e nos ensina que a vida e a sociedade são cíclicas. Uma sociedade próspera poderá enfrentar crises financeiras, uma pessoa poderá em um momento de sua vida adquirir uma grande quantidade de dinheiro e em um outro não ganhar nenhum centavo, mas cabe saber administrar e guardar em tempos de farturas, para quando chegar os tempos difíceis, não faltar suplemento.

José foi um grande visionário, sem suas habilidades, o caos poderia ser maior, mas por causa dele, o Egito guardou os alimentos do tempo de fartura. Podemos entender que uma logística foi desenvolvida para armazenar, isso não foi tão fácil como se imagina, foi algo bem elaborado, estudado e planejado.

A organização e os planejamentos.

Na vida cotidiana, alguém que trabalha e recebe o seu salário precisa refletir, sobre essa parte que foi ensinada, não são só empresas, que precisam de planejamentos financeiros, quaisquer pessoas que deseja prosperar, precisa entender que a organização é a base para a estrutura dos negócios e da vida pessoal, mas os planejamentos financeiros é a fórmula para não haver desorganização.

Contudo é preciso se organizar de forma a não ficar comprometido com certas dívidas e ter planejamentos para saber gastar com as coisas necessárias, guardar uma porcentagem por precauções e saber investir para aumentar os rendimentos.

Capitulo 7

Os lastros

Lastro é a garantia contida em um ativo, usado em operações financeiras, no passado o lastro das moedas eram ouro ou prata e cada moeda era medidas por uma quantidade de metal preciosos.

Na bíblia há citações que falam sobre as medidas de ouro que Salomão recebia, isso indica o tamanho da prosperidade que ele dominava, pois ao invés de Dólar, Euro ou Libra esterlina, as riquezas eram medidas pelas quantidades de ouro que haviam em uma província.

> E o peso do ouro que se trazia a Salomão cada ano era de seiscentos e sessenta e seis talentos de ouro;
> Além do que entrava dos negociantes, e do contrato dos especieiros, e de todos os reis da Arábia, e dos governadores da mesma terra.
> Também o rei Salomão fez duzentos paveses de ouro batido; seiscentos siclos de ouro destinou para cada pavês;
> Fez também trezentos escudos de ouro batido; três arráteis de ouro destinaram para cada escudo; e o rei os pôs na casa do bosque do Líbano.
> Fez mais o rei um grande trono de marfim, e o revestiu de ouro puríssimo.
> Tinha este trono seis degraus, e era o alto do trono por detrás redondo, e de ambos os lados tinha encostos até ao assento; e dois leões, em pé, juntos aos encostos.
> Também doze leões estavam ali sobre os seis degraus de ambos os lados; nunca se tinha feito obra semelhante em nenhum dos reinos.
> Também todas as taças de beber do rei Salomão eram de ouro, e todos os vasos da casa do bosque do Líbano eram de ouro puro; não havia neles prata, porque nos dias de Salomão não tinha valor algum.
> Porque o rei tinha no mar as naus de Társis, com as naus de Hirão; uma vez em três anos tornavam as naus de Társis, e traziam ouro e prata, marfim, e bugios, e pavões.
> Assim o rei Salomão excedeu a todos os reis da terra, tanto em riquezas como em sabedoria.
> E toda a terra buscava a face de Salomão, para ouvir a sabedoria que Deus tinha posto no seu coração. (1 Reis 10: 14-24.)

Nos dias atuais a quantidade de moedas que existem, desde o Real Brasileiro ao Dólar dos Estados Unidos é medida pela quantidade de riquezas gerado pelo país, isso inclui petróleo, minérios, agropecuária, mas além disso, os bens produzidos da matéria prima que são mais preciosos para a economia, maquinas, equipamentos e produtos industrializados.

Nos dias atuais o ouro é um metal de muito valor e que ainda possui lastro, devido as valorizações e desvalorizações de algumas moedas, algumas pessoas ainda investem em ouro, mas uma outra opção para quem quer investir em lastros e valorizar o seu capital com o passar do tempo, são as propriedades. Um terreno bem localizado em uma área que está sendo desenvolvida pode ser valorizado com o decorrer do tempo.

Por esse motivo existem os fundos de investimentos imobiliários, quando você se torna sócio de um grupo de pessoas que esperam aumentarem suas rendas através de valorizações de aluguéis e vendas de imóveis.

As vantagens dos fundos de investimento imobiliário é a acessibilidade, porque você pode começar com valores pequenos, enquanto investir em um imóvel ou terreno o investimento precisa ser muito alto.

Ao investir em um fundo, você terá várias opções, porque esse tipo de investimento é muito diversificado, com isso, os segmentos são desde hotéis a shopping centers.

Cabe a cada investidor procurar um profissional experiente em um mercado imobiliário, para que ele possa orientar sobre os riscos.

Referências

DE FREITAS, Ricardo. 25 personalidades que começaram do zero e se tornaram empresários de sucesso, Rede Jornal contábil, 2022.
Disponível em: < https://www.jornalcontabil.com.br/25-personalidades-que-comecaram-do-zero-e-se-tornaram-empresarios-de-sucesso/ > acesso em: 10 de novembro de 2023.

FOGOÇA, André. 10 herdeiros que perderam tudo, the capital advisor, 2021.
Disponível em: < https://comoinvestir.thecap.com.br/10-herdeiros-que-perderam-tudo >

Bíblia online disponível em: https://www.bibliaonline.com.br/

www.ingramcontent.com/pod-product-compliance
Lightning Source LLC
Chambersburg PA
CBHW070948220526
45471CB00007B/2944